MW01705695

LA BANDE À MAFALDA

J'AI LU BD

QUINO

DANS LA COLLECTION J'AI LU BD

MAFALDA - 1
ENCORE MAFALDA
MAFALDA REVIENT
... PANORAMA

AU ÉDITIONS GLÉNAT

MAFALDA
(11 ALBUMS)
... PAS MAL ET VOUS
BIEN CHEZ SOI
Y A UN TRUC
A TABLE
LAISSEZ-MOI IMAGINER
POUR L'HUMOUR DE L'ART
QUINOTHÉRAPIE
PROVISION D'HUMEUR
ÇA VA LES AFFAIRES

QUINO

La bande à Mafalda

Adaptation graphique de Julien Grycan

QUINO

BONJOUR, FÉLIPE... EUH, DIS DONC... TU AS TROUVÉ LE CADEAU QUE TU ALLAIS ME FAIRE POUR LA FÊTE DES MÈRES?
UN CADEAU? À TOI? POURQUOI?
EH BEN... C'EST PAS FACILE À EXPLIQUER. JE NE SAIS PAS SI TU ES PRÊT À ÉCOUTER L'INVRAISEMBLABLE VÉRITÉ... TU DOIS ME FAIRE UN CADEAU PARCE QUE...
PARCE QUE... QUOI?
SUSANITA A VOULU ME FAIRE CROIRE QU'ELLE ÉTAIT MA MÈRE ET QUE DEMAIN JE DEVAIS LUI FAIRE UN CADEAU.
QU'EST-CE QUE TU LUI AS DIT?
527
©QUINO

525

MON FILS... JE SUIS TA MÈRE!
ET POURTANT, DANS LES FEUILLETONS, ÇA MARCHE!
BEN... À PEU PRÈS LA MÊME CHOSE.
?
-MONTREZ-MOI CE QUE VOUS AVEZ COMME MOUCHOIRS, EN TAILLE ADULTE...

EN CE JOUR DE LA FÊTE DES MÈRES, UN GROS BAISER POUR MA MAMAN ET POUR TOUTES LES MAMANS DU MONDE !
528

ÇA TE REPREND ? TE VOILÀ DE NOUVEAU ALLONGÉ À ATTENDRE QUE LA VIE T'APPORTE QUELQUE CHOSE, MIGUELITO ?
529
NON, MAFALDA, CETTE FOIS, J'AI SONGÉ À TOUTES LES USINES, TOUTES LES FERMES, LES BARRAGES, LES BOUTIQUES, LES ROUTES...

QU'EST-CE QUE TU AS, MIGUELITO ? TU ES MALADE ?
530
MALADE, NON...
© QUINO

ET S'IL VOUS PLAÎT, PAS DE GAFFE... C'EST UNE JOURNÉE SANS SOUPE, HEIN ?
QUINO

...LES HÔPITAUX, LES BIBLIOTHÈQUES, LES MUSÉES, LES LABORATOIRES, LES BUREAUX, LES THÉÂTRES...
ET ALORS ?
J'EN CONCLUS QUE TOUT A ÉTÉ FAIT ET QUE, POUR LE MOMENT, JE PEUX ME REPOSER.
QUINO
TU N'AS JAMAIS ENTENDU DIRE QUE : "DIEU SE REPOSA LE 7e JOUR, APRÈS AVOIR ACHEVÉ TOUS SES TRAVAUX".
SI !
EH BIEN, MOI, J'AI REMIS LES TRAVAUX À DEMAIN...

531
© QUINO

?
PAF!
© QUINO
534

MIGUELITO VA SE FAIRE VACCINER ET IL AIMERAIT SAVOIR QUELQUE CHOSE, MAMAN.
© QUINO
532

-SAVEZ- VOUS OÙ LES JEUNES CADRES ACHÈTENT LEURS LENTILLES? À L'ÉPICERIE...
QUINO
"DON MANO..."
BONK!
ON POURRAIT FAIRE DES TAS D'ASTUCES, MAIS AUJOURDH'UI, JE N'AI PAS LE COEUR À ÇA...
QUINO
C'EST BIEN CE QUE JE TE DISAIS, MIGUELITO. CE VACCIN TE PROTÈGE CONTRE LA POLIO...
...MAIS PAS CONTRE LE COMMUNISME.
DOMMAGE! J'AURAIS BIEN AIMÉ FAIRE UN DOUBLÉ.

IL FAUDRAIT TOUT REPRENDRE À ZÉRO, À MON AVIS.
D'ACCORD.
533

536
LA VÉRITÉ, C'EST QUE MANOLITO A UN VISAGE HONNÊTE. PARFAITEMENT, JE LE LUI DIRAI QUAND JE LE VERRAI.

537
"ILS DISENT QUE DANS L'AVENIR, L'HUMANITÉ VA SUBIR UNE FAMINE ÉPOUVANTABLE!"

À QUOI VOUS JOUEZ?
À RIEN, VOYONS! NOUS PARLONS DE L'HUMANITÉ!
ET IL Y A DES VISAGES HYPOCRITES, HEIN? MAIS CELUI DE MANO-LITO, LUI C'EST UN VISAGE FRANC, OUVERT, SINCÈRE...
QUI DIT SANS FARD QUEL IMBÉCILE IL EST.
ZAS...
J'AI UN VERTIGE FUTURISTE. T'AURAIS PAS UN PEU DE PAIN ET DE BEURRE?

535
BONJOUR, MAMAN. SAIS-TU S'ILS ONT FINI PAR INTERDIRE LES ARMES NUCLÉAIRES?
J'AI PEUR QUE NON, MAFALDA... POURQUOI ?
© QUINO

JE PENSE QUE TU DOIS ÊTRE UN PEU JALOUX QUE MON PÈRE GAGNE PLUS QUE LE TIEN, MIGUELITO. J'AI RAISON, NON?
JE N'Y AVAIS JAMAIS PENSÉ, MAIS JE CROIS QUE COMPARÉ À CE QU'ONT GAGNÉ LES BEATLES, NOS PÈRES ONT UN SALAIRE DE MISÈRE.
542
© QUINO

DÉSOLÉ ! MAIS LES FOURMIS, ÇA NE VIT PAS DANS LA MAISON DES HOMMES.
MONTE.
543
© QUINO
ADIEU ! ADIEU !

OH, POUR RIEN... POUR RIEN...
MAIS CE SERAIT BIEN AGRÉABLE DE SE LEVER UN MATIN ET DE DÉCOUVRIR QU'ENFIN SA VIE NE DÉPEND QUE DE SOI.

JE NE SUIS PAS D'HUMEUR À SUPPORTER TES RÉFLEXIONS IDIOTES !

SGLUB!
EN TOUT CAS, C'EST PLUS POÉTIQUE QUE LE FORMOL !

TIC!
"SA DISPARITION PRIVE LE CINÉMA DE L'UNE DE SES PLUS CÉLÈBRES FIGURES..."
QUI ?
"...DONT NOUS N'OUBLIERONS JAMAIS LE TALENT INCOMPARABLE."
MAIS QUI ? QUI ?

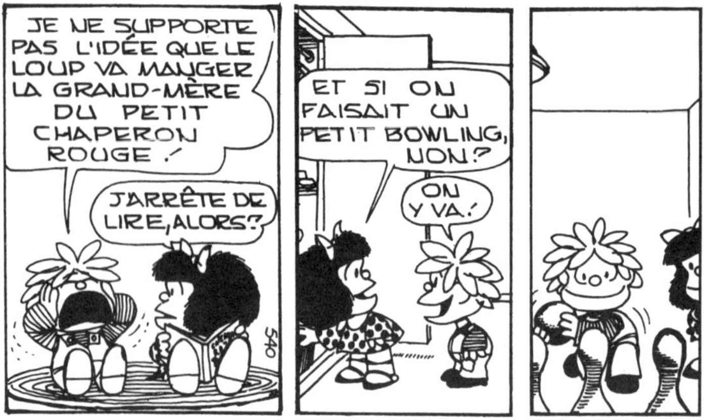
JE NE SUPPORTE PAS L'IDÉE QUE LE LOUP VA MANGER LA GRAND-MÈRE DU PETIT CHAPERON ROUGE !
J'ARRÊTE DE LIRE, ALORS ?
540
ET SI ON FAISAIT UN PETIT BOWLING, NON ?
ON Y VA !

PLÍNK
PLÍN
PLÍNK
541
PLÍNK
PLÉN
PLÍN
PLÍN

" MES CHERS AUDITEURS, AINSI SE TERMINE NOTRE ÉMISSION. À DEMAIN."
IL NE L'A PAS DIT !
MON DIEU !
POURVU QUE LA PANTHÈRE ROSE NE SOIT PAS MORTE !
QUINO
DIS DONC... IL A MIS DE LA MAYONNAISE, OU IL L'A MANGÉE NATURE ?
APRÈS TOUT, J'AIMERAIS BIEN VOIR LA TÊTE DE SEGOVIA SUR UN TRICYCLE !
QUINO

BONJOUR, SUSANITA. VOUDRAIS-TU ME PRÊTER TON AIGUILLE À FAIRE DES COLLIERS?
JE PENSAIS EN ACHETER UNE, MAIS JE N'EN AURAI PLUS BESOIN APRÈS ET JE ME SUIS RAPPELÉ QUE TU EN AVAIS UNE.
544
© QUINO

INTERDIT AUX MOUCHES
INTERDIT AUX MOUCHES
PAF!
545
© QUINO

"LE PRIX NOBEL DE PHYSIQUE A ÉTÉ ATTRIBUÉ AU PROFESSEUR ALFRED KASTLER."
QU'EST-CE QU'IL A FAIT ?
547
© QUINO

ALORS JE ME SUIS DIT: APRÈS TOUT, À QUOI ÇA SERT LES AMIES ?
EN EFFET, À QUOI ÇA SERT ?
QUINO

INTERDIT AUX MOUCHES
ANALPHABÈTE.
QUINO

"IL A DÉCOUVERT ET DÉVELOPPÉ LES MÉTHODES OPTIQUES POUR L'ÉTUDE DES RÉSONANCES HERTZIENNES DANS LES ATOMES."
J'ALLAIS JUSTEMENT VOUS LE DIRE !
QUINO

LES JOURNAUX SONT PLEINS DE MAUVAISES NOUVELLES, ET PERSONNE NE LES REND...
538

I'M LOOKING THROUGH YOU, WHERE DID YOU GO....
LES BEATLES !
546

549
C'EST COMME ÇA, MIGUELITO.

LA VIE EST PLEINE DE CHOSES DÉSAGRÉABLES ET TOUT LE MONDE L'ACCEPTE !
ET VOUS VOUDRIEZ ME RENDRE UN VULGAIRE SALAMI PARCE QU'IL EST TROP FARINEUX ! ALLONS, MADAME !...
TU AIMES ÇA ? TU NE COMPRENDS MÊME PAS CE QU'ILS DISENT !
ET ALORS ?
TOUT LE MONDE ADORE LES CHIENS ET QUE JE SACHE, PERSONNE NE SAIT CE QUE VEUT DIRE "OUAH" !!
J'AI BEAUCOUP PENSÉ AU RÔLE DE L'HOMME DANS LE MONDE
...ET JE SUIS ARRIVÉE À CETTE CONCLUSION QU'UN RÔLE NE VAUT RIEN SI LA PIÈCE EST MAUVAISE.

© QUINO
548

LE MONDE, C'EST COMME LE THÉÂTRE, MIGUELITO. ET NOUS, NOUS N'EN SOMMES ENCORE QU'À LA GÉNÉRALE!
550
© QUINO

TIENS, MAFALDA, VA M'ACHETER DES MACARONIS.
551
MAIS, TU FAIS ATTENTION, HEIN? DE BONNE QUALITÉ, NI TROP GROS, NI TROP FINS.
© QUINO

RRRRRR
JE CROIS QUE CE N'EST NI LE BON MOMENT NI LE BON SIÈCLE POUR COMMUNIQUER AVEC SA MÈRE.
RRRR

C'EST UNE AVANT-PREMIÈRE QUI VIENT DE PASSER ?

TU REGARDES BIEN LA COULEUR : S'ILS SONT TROP JAUNES, C'EST QU'ILS ONT DU COLORANT. S'ILS SONT BLANCHÂTRES,
C'EST QU'ILS N'ONT PAS ASSEZ D'OEUFS
TU VIENS JOUER, MAFALDA ?
IMPOSSIBLE. ON VIENT DE M'ATTRIBUER UNE BOURSE POUR ÉTUDIER LA MACARONOLOGIE.

VOYONS VOIR CES CONTES...
Il était une fois un ogre qui mangeait les enfants...
553

J'EN AI MARRE DE CES HISTOIRES OÙ LES LOUPS ET LES OGRES MANGENT LES ENFANTS !
ON N'EST PAS L'AVENIR DE L'HUMANITÉ PEUT-ÊTRE?
554

C'EST QUOI, CETTE COUPURE DE JOURNAL, MANOLITO?
LES COTATIONS DU MARCHÉ DES VALEURS.
556

ÇA-Y-EST!
ON EST TOUJOURS MANGÉS!
JUSQU'À QUAND SERONS-NOUS LES DINDONS DE LA LITTÉRATURE?
NON?
DE LA CHAIR D'IMPRIMERIE! VOILÀ CE QU'ON EST!
DES VALEURS MORALES? SPIRITUELLES? ARTISTIQUES? HUMAINES?
MAIS NON! DES VALEURS UTILES.

552
OH ! UN CHEVEU BLANC !
TU TE RENDS COMPTE ! ÇA DOIT ÊTRE À UN CADRE SUPÉRIEUR, ILS ONT TOUJOURS LES TEMPES ARGENTÉES.
QUINO
BANG !
555
FFFFFFFF !
QUINO
560
?
QUINO

OUI, MAIS POURQUOI CE NE SERAIT PAS CELUI D'UN PAUVRE RETRAITÉ?
PARCE QUE LA VIE EST PLUS BELLE VUE D'EN HAUT QUE VUE D'EN BAS, MA PETITE !!
QUINO

PAT! PAT!
DÉSOLÉ DE NE PAS ÊTRE MORT PLUS VITE, MAIS LA MACHINE À LAVER EST EN PANNE À LA MAISON.
QUINO

QUI C'EST CETTE PETITE FILLE ?
MOI.
POURQUOI M'AS TU CACHÉ QU' AUTREFOIS, TU ÉTAIS MA SOEUR ?

ET LA VOITURE ARRIVA! BOUM! ELLE HEURTA LA VACHE QUI, MEU-EU-EU..., RETOMBA ASSISE SUR LA LUNE.
NON, SUR UN SATELLITE ARTIFICIEL.
IL N'Y A QUE LES ENFANTS POUR IMAGINER DES TRUCS PAREILS! LEUR FACULTÉ DE RÊVE EST INCOMPARABLE!
557

TOC!
PAS UNE! QUEL IMBÉCILE JE FAIS!!
© QUINO
558

HAUT LES MAINS! JE SUIS LE COW-BOY SOLITAIRE!
HUMM : JE NE CROIS PAS! LE COW-BOY SOLITAIRE EST PLUS VIEUX, IL A LE TEINT PLUS BASANÉ ET PUIS IL A DES BOTTES, ET SA FIGURE N'EST PAS COMME ÇA.
© QUINO
559

"ON AFFIRME À GENÈVE QUE DÈS QU'ON AURA RÉSOLU LE PROBLÈME DU DÉSARMEMENT NUCLÉAIRE, LA PAIX MONDIALE SERA ASSURÉE."
QUINO

JE SUIS UN MANCHE, VOILÀ TOUT ! UN MALADROIT ET UN PAUVRE TYPE !
CLAP-CLAP-CLAP
CLAP-CLAP-CLAP
CLAP-CLAP-CLAP
CLAP-CLAP-CLAP
CLAP-CLAP-CLAP
QUINO

MOI, JE SUIS UN COW-BOY SOLITAIRE PARALLÈLE !!
QUINO

BONJOUR ! ON A ABOLI LES INJUSTICES SUR TERRE ?
NON ? AH BON !

VOYONS CE QUE TU DONNES, MANOLITO.
?

LES MAINS EN L'AIR, NE BOUGEZ PLUS ! JE SUIS LE COW-BOY SOLITAIRE !
LE COW-BOY SOLITAIRE ? ENCHANTÉ, JE ME PRÉSENTE : ROCKEFELLER !

QUINO
JE ME RECOUCHE JUSQU'À MIDI
ALORS...
CRASH!
BEN QUOI? RIEN N'EST IMMORTEL. VOUS N'AVEZ JAMAIS ENTENDU PARLER DE L'USURE DES MATÉRIAUX?
POURQUOI FAUT-IL QU'À CHAQUE FOIS, JE TOMBE SUR UN BRISEUR DE RÊVE?

C'EST UN SCANDALE ! JE ME DEMANDE OÙ ON VA S'ARRÊTER !
563

"SELON DES STATISTIQUES RÉCENTES, IL NAÎT EN INDE QUARANTE ENFANTS PAR MINUTE !"
566

MAFALDA, LE JOURNAL DANS LE SALON, IL EST D'AUJOURD'HUI OU IL EST VIEUX ?
567

CE SÈRAIT PLUS PROGRESSISTE DE SE DEMANDER OÙ ON VA ALLER, NON ?
QUINO
MON DIEU !
NOTRE MINUTE NATIONALE SEMBLE BIEN DÉSERTIQUE.
QUINO
27 novembre
L'URSS A REJETÉ HIER UNE PROPOSITION NORD-AMÉRICAINE...
LES DEUX, PAPA.

565
QU'EST-CE QUE TU FAIS ?
J'ESSAIE DE VOIR MON ARRIÈRE-GRAND-PÈRE. MA MÈRE M'A RACONTÉ QU'IL ÉTAIT MONTÉ AU CIEL À 90 ANS.
© QUINO

NOUS DISONS DONC QUE LA TERRE A LA FORME D'UN... D'UN QUOI ?
D'UN... EUH... D'UN SPHÉROÏDE.
568
UN SPHÉROÏDE, D'ACCORD. MAIS NOTRE PLANÈTE EST ÉGALEMENT APLATIE. OÙ ÇA ?

HIER, J'AI RENVERSÉ L'ENCRIER SUR MA COPIE ET J'AI DÛ TOUT RECOMMENCER.
© QUINO
569
J'ÉTAIS TELLEMENT FURIEUSE QUE JE ME SUIS TRAITÉE DE TOUS LES NOMS : TARÉE ! IDIOTE ! ANDOUILLE !
QUINO

MAIS COMMENT VEUX - TU LE VOIR? LE CIEL EST IMMENSE ET TU NE SAIS PAS DANS QUEL COIN IL PEUT ÊTRE!
BAH, IL NE DEVRAIT PAS ÊTRE LOIN...
À 90 ANS PERSONNE N'A UNE GRANDE AUTONOMIE DE VOL!
QUINO

OÙ ÇA? AU MORAL?
QUINO

STUPIDE! IMBÉCILE! CRÉTINE!! DEMEURÉE!!
C'EST UN PÉCHÉ L'ENTHOUSIASME?

ET QUAND LE SOLEIL ÉCLAIRE UNE MOITIÉ, DE L'AUTRE CÔTÉ, IL FAIT NUIT. TU COMPRENDS COMMENT ÇA MARCHE, NON ?
OUAIS...
C'EST-À-DIRE QUE LORSQUE DANS CETTE MOITIÉ NOUS SOMMES ÉVEILLÉS, CEUX DE L'AUTRE MOITIÉ SONT EN TRAIN DE DORMIR ?
C'EST ÇA !
578
© QUINO

579
© QUINO
QU'EST-CE QUI SE PASSE, MIGUELITO ?

QU'EST-CE QUI ARRIVE A TON AMI MIGUELITO, MAFALDA ? POURQUOI MARCHE-T-IL AINSI ?
COMMENT ÇA ? AH...
580
© QUINO
C'EST PARCE QU'IL DIT QUE DANS L'AUTRE MOITIÉ DU MONDE IL FAIT NUIT ET QU'IL NE FAUT PAS RÉVEILLER CEUX QUI DORMENT.

?
QUINO
CHUT ! DANS L'AUTRE MOITIÉ DU MONDE, IL FAIT NUIT, ILS DORMENT.
LE PAUVRE ! IL NE SAIT PAS ENCORE QUE LA MOITIÉ DE L'HUMANITÉ EST SOURDE À L'AUTRE.
AH ! ÇA ME RAPPELLE LE JOUR OÙ MAO TSÈ-TOUNG A DIT QUE SI LES 700 MILLIONS DE CHINOIS SE METTAIENT D'ACCORD POUR FRAPPER LE SOL DU PIED TOUS ENSEMBLE, LE MONDE PASSERAIT UN MAUVAIS QUART D'HEURE. C'EST DRÔLE, NON ?
NON, CE N'EST PAS DRÔLE.

J'AI VU UNE MITRAILLEUSE FABULEUSE, À PILES! ELLE CRACHE DES ÉTINCELLES. IL Y A UNE LUMIÈRE ROUGE QUI S'ALLUME ET TOUT! J'AI DEMANDÉ À MAMAN DE ME L'ACHETER!
571
MAIS ELLE M'A RÉPONDU: "NON, NON, NON. TU AS DÉJÀ UN REVOLVER QUI TIRE DES BALLES EN PLASTIQUE, C'EST LA MÊME CHOSE."

575
© QUINO

TU PEUX ME PRÊTER UN ILLUSTRÉ, MAFALDA?
576
© QUINO
VOILÀ CELUI QUE M'A DONNÉ MON PÈRE...
" LES VIES EXEMPLAIRES..." QU'EST-CE QUE C'EST QUE ÇA?

LA MÊME CHOSE
ELLE AURAIT PU TROUVER UNE MEILLEURE EXCUSE QUE DE FAIRE L'IGNORANTE.
QUINO

MON DIEU ! TU ES TOMBÉ, MANOLITO ?
QUINO
NON, JE DONNE DANS LE HAPPENING !

C'EST, EN BANDES DESSINÉES, LA VIE DES PERSONNAGESQUI ONT FAIT DE GRANDES CHOSES POUR LE BIEN DE L'HUMANITÉ.
MERCI. JE VEUX ME DISTRAIRE, PAS ME DÉVALUER.
QUINO

REGARDEZ VOIR CETTE PETITE FILLE PLEINE DE GAIETÉ
EH OUI ! C'EST QU'ELLE A TOUTE LA VIE DEVANT ELLE.
573

574
FORMIDABLE.

584
JE VOIS... JE VOIS...
QUOI ?
UNE CHOSE
DE QUELLE COULEUR ?

ET SUR LES CÔTÉS, RIEN ?
QUINO

UN OBSERVATOIRE MÉTÉOROLOGI-QUE ANGLAIS A DES MACHINES ÉLECTRONIQUES QUI LUI PERMETTENT DE PRÉVOIR LE TEMPS !
BRAVO ! LES ANGLAIS ONT ENFIN RÉUSSI À AUTOMATISER LA PURÉE DE POIS.

NOIRE.
L'AVENIR ?

TÚ
TÚ
TÚ
TÚ
577
TÚ
TÚ
TÚT!

EN RÉALITÉ, LES GRANDS HOMMES SONT DEVENUS CÉLÈBRES PARCE QU'ILS ONT FAIT DES CHOSES EXTRAORDINAIRES.
570
ALORS, UN DE CES QUATRE MATINS, JE ME METS À FAIRE UN TRUC EXTRAORDINAIRE, ET HOP! JE DEVIENS CÉLÈBRE. C'EST HYPER-SIMPLE, NON?
© QUINO

© QUINO
582
IL ÉTAIT UNE BERGÈRE ET RON, ET RON, PETIT PATAPON...

TÚT
TÚ
TÚ
TÚT
C'EST DRÔLE. JE PENSAIS QUE LE JAZZ, C'ÉTAIT PLUS INTÉRESSANT!
JE ME DEMANDE SI DIMANCHE J'IRAI CHEZ MON GRAND-PÈRE... J'AIMERAIS, BIEN MAIS...
SERAIT-CE UN RAPPEL À LA RÉALITÉ SOCIALE?

QUINO

QU'EST-CE QUE TU AS AU DOIGT, SUSANITA?
AH, ON NE T'A PAS DIT?
NON.
587

WE ALL LIVE IN A YELLOW SUBMARINE...
LES BEATLES! POURQUOI TU N'ÉCOUTES PAS DES CHANTEURS BIEN DE CHEZ NOUS, AU LIEU DE CES TYPES QUE PERSONNE NE COMPREND?
583
"... ET VOICI NOTRE PROGRAMME DE MUSIQUE AUTOCHTONE"
VOILÀ! C'EST ÇA!

572
PEUT-ON SAVOIR QUI EST LE PETIT FÛTÉ?
BEATLES
© QUINO
SI TU AVAIS VU, FÉLIPE ! AVANT-HIER, JE ME SUIS COUPÉE D'UNE MANIÈRE HORRIBLE ! SI TU SAVAIS ! MAIS NON, ÇA NE SE RACONTE PAS.
OUI, C'EST VRAI, CES CHOSES-LÀ, ÇA NE SE RACONTE PAS.
MALÉDICTION.
"ET TOUT D'ABORD, CHERS AUDITEURS, UNE VIDALA QUI EST UN AIR DEVENU PIERRE. LES RACINES ANCESTRALES, MÛRIES DANS LE VENTRE MINÉRAL DU BOIS ! UN CHANT FONDAMENTAL QUI RÉPAND ..."
"...SON SANG DE TAUREAU MILLÉNAIRE QUI AVANCE VERS LA NUIT, SUIVANT LES VEINES TELLURIQUES DE..."
?
?
BON ET TON PÈRE? COMMENT ÇA MARCHE À SON BUREAU?
CLIK!

JE SUIS TOUT SEUL ET JE M'ENNUIE TU PEUX VENIR À LA MAISON?
587
© QUINO
JE SUIS DÉSOLÉE, MIGUELITO. JE DOIS SORTIR AVEC MA MÈRE. TU N'AS PAS DE LIVRE? UN LIVRE, C'EST UN BON AMI.

NE M'EN PARLE PAS! QUEL ACCIDENT! QUELLE HORREUR! RIEN QUE D'Y PENSER, JE SENS JE NE SAIS PAS QUOI.
586
© QUINO
UNE COUPURE TERRIBLE. QUAND J'Y PENSE, J'EN PÂLIS. UN VRAI CARNAGE AU DOIGT. JE TE JURE QUE JE ME SENS MAL QUAND J'Y P...
EH BIEN, N'Y PENSE PAS...

POURQUOI TU L'AS TUÉE? QUEL MAL ELLE T'AVAIT FAIT CETTE PAUVRE FOURMI?
C'EST TRISTE, MAIS IL Y A DES BÊTES QU'ON EST OBLIGÉ DE TUER. ET SI TU PENSES LE CONTRAIRE, POURQUOI TU MANGES DU POULET, DU POISSON, DE LA VIANDE?

BON.
À QUOI TU VEUX JOUER, TOI ?

LAISSE-MOI PARLER !
ET LE SANG ! J'AIME MIEUX NE PAS Y PENSER : TU PARLES D'UNE HÉMORRAGIE ! JE NE VEUX PAS PENSER À L'HÉMORR...

POURQUOI FAUT-IL QU'ILS NOUS RESSORTENT TOUJOURS LE MÊME ARGUMENT !

PEUPLES DU MONDE, JE VOUS APPORTE UNE IDEE SENSATIONNELLE!
N'ÉCOUTONS PAS LES DÉCLARATIONS PACIFISTES DU PAPE, NI CELLES DE L'O.N.U
QU'EST-CE QUE VOUS EN DITES?
OOOOOOHH!...
QU'IL EST JOLI! TU ME LE PRÊTES?
FFFF
POUR QUE TU ME LE CASSES? NON, MONSIEUR!
DIS DONC... TU ES UNE DRÔLE D'AMIE TOI!
ET TOUT EN HAUT, L'ÉTOILE QUI GUIDA LES ROIS MAGES À BETHLÉEM.
TU SAIS CE QUE LES ROIS MAGES APPORTAIENT DANS LEURS BAGAGES?

HEIN?
AH, VOUS, Y AVIEZ DÉJÀ PENSÉ?

UNE AMIE DE 2e CHOIX !
ON EN APPREND TOUS LES JOURS.

OUI, DES FUSIBLES!

"LES ÉTATS-UNIS, LA RUSSIE ET D'AUTRES PAYS SONT ARRIVÉS À UN ACCORD PAR LEQUEL ON NE FERA PLUS D'EXPÉRIENCES NUCLÉAIRES NI D'ESSAIS D'ARMES ATOMIQUES DANS LE COSMOS!"
594
ET VOILÀ L'ANNÉE QUI SE TERMINE.
EH, OUI!

VEINARDS !
LA NOUVELLE ANNÉE VA VENIR DE PAR LÀ, MIGUELITO.
AH BON? MERCI.
IL FAUT FAIRE ATTENTION À TOUT.
COMMENT SERA-T-ELLE, L'ANNÉE QUI VIENT?
DRÔLEMENT COURAGEUSE! PARCE QUE DANS LES CONDITIONS ACTUELLES, IL FAUT OSER VENIR !...
QUINO

"SELON CERTAINS OBSERVATEURS, LA SITUATION INTERNATIONALE EST TOUT À FAIT CRITIQUE.
AH?
LES RISQUES D'UN CONFLIT GÉNÉRALISÉ AUGMENTENT DE JOUR EN JOUR.
DIS DONC!
591
© QUINO

ADIEU, ADIEU, ANNÉE DERNIÈRE! JAMAIS PLUS NOUS NE TE REVERRONS!
599
NON FÉLIPE, AU LIEU DE TE TOURNER VERS LE PASSÉ, IL FAUT REGARDER L'AVENIR AVEC PLEIN DE JOIE ET D'ESPOIR!
© QUINO

J'ALLAIS JUSTEMENT CHEZ TOI T'APPORTER UN CALENDRIER, C'EST LE CADEAU DE L'ÉPICERIE DON MANOLO.
OH, MERCI MANOLITO.
595
TU VAS VOIR CE JOLI PAYSAGE! UNE MERVEILLE! TOUT EN COULEURS: AVEC LA LUNE, LE LAC LES BATEAUX, LES VACHES, LES MONTAGNES ENNEIGÉES ET, AU PREMIER PLAN, UN SUPERBE BOUQUET DE FLEURS AUTOUR DUQUEL VIREVOLTENT DES PAPILLONS
...
© QUINO

LES ARMEMENTS S'ACCROISSENT DE MANIÈRE ALARMANTE."
SLURP!
EXCUSE-MOI, MAIS QUAND JE MANGE UNE GLACE, JE FAIS ABSTRACTION DU MONDE. TU ME PARLAIS?
QUINO
COMME ÇA, TU VOIS? SALUT, SALUT, L'ANNÉE NOUVELLE! QUELLE JOIE DE T'AVOIR AVEC NOUS!
QUINO
ET ATTENTION... JE VEUX QU'EN JUILLET ON PUISSE DIRE LA MÊME CHOSE, HEIN?
TIENS!
MERCI, MANOLITO.
ELLE EST TOUT ÉMUE, LA PAUVRE.

J'AI QUELQUE CHOSE POUR TOI, FÉLIPE. UN CALENDRIER C'EST UN CADEAU DE L'ÉPICERIE DE MON PÈRE!
CHOUETTE!
IL Y A UN JOLI PAYSAGE AVEC LA LUNE, UN LAC, DES MONTAGNES ENNEIGÉES ET, AU PREMIER PLAN UN SUPERBE BOUQUET DE FLEURS AUTOUR DUQUEL VIREVOLTENT DES PAPILLONS... TU VAS VOIR, C'EST SUPER!
596
© QUINO

NOUS DISONS DONC: J'AI DÉJÀ DONNÉ DEUX CALENDRIERS DE L'ÉPICERIE DON MANOLO. L'UN À MAFALDA, L'AUTRE À FÉLIPE.
597
© QUINO
ÇA A DÛ LEUR PLAIRE, PARCE QUE VRAIMENT LE PAYSAGE EST SUPERBE - ET PUIS, QUELLES COULEURS!

600
QU'EST-CE QUE TU VAS DEMANDER AU PÈRE NOËL, SUSANITA?
© QUINO
BEN, JE NE SAIS PAS... IL EST SI GENTIL QUE JE ME CONTENTERAI DE CE QU'IL VOUDRA BIEN M'APPORTER.

HEIN? QU'EST -CE QUE T'EN DIS?
MERD...
...CI, MANOLITO
"MERDCI"?
BON, ALORS MAINTENANT, C'EST LE TOUR DE SUSANITA...
TIENS! ENCORE UN CALENDRIER? MAFALDA ET FÉLIPE M'EN ONT DÉJÀ DONNÉ DEUX
QUINO
QUINO
MAIS QU'IL N'OUBLIE PAS LA SONNETTE À PILES SUR LE GUIDON ET LES PETITES ROUES SUR LES CÔTÉS POUR NE PAS TOMBER!

SALUT, MAFALDA. TU N'AURAIS PAS UN MARTEAU À ME PRÊTER S'IL TE PLAÎT ?
BIEN SÛR, MIGUELITO, ENTRE.
601
© QUINO
ÇA TE VA? ÇA.
TRÈS BIEN! DÈS QUE J'AI FINI JE LE RAPPORTE.

C'EST DEMAIN SOIR QUE PASSE LE PÈRE NOËL, MANOLITO...
LE PÈRE NOËL, OUI.
602
© QUINO
IL FAUT QUE JE TE LE DISE, MAFALDA, CE TRUC DU PÈRE NOËL. ENFIN, ON GRANDIT...
?
OH, MON DIEU!

604
ÇA Y EST, C'EST L'HEURE!
Z Z Z Z Z Z
© QUINO

TU AS QUELQUE CHOSE À ARRANGER CHEZ TOI ?
NON, NON.
C'EST POUR FRAPPER L'IMAGINATION DU PÈRE NOËL.
ET PUIS...ON COMMENCE À SE RENDRE COMPTE !
À SE RENDRE COMPTE DE QUOI ?
COMME HOMME D'AFFAIRES C'EST UN DÉSASTRE ! ON N'A JAMAIS VU ÇA ! FAIRE DES CADEAUX PROMOTIONNELS, CHAQUE ANNÉE, À DATE FIXE, À FONDS PERDUS...
TU TE SENS COMME UN TERRORISTE DU BONHEUR.

593
PEUPLES DU MONDE, ÉCOUTEZ!
TIC TIC TIC
NUIIIIIIIITT DE PAIX, NUIIIIIIT D'AMOUR...
ELLE EST JOLIE! ELLE MONTE HAUT?
SÛR!
JUSQU'AU CIEL!
FAIS VOIR! VAS-Y!
NASA
TIC!
IL FALLAIT QUE ÇA M'ARRIVE JUSTE MAINTENANT QUE MON MARI RISQUE D'ÊTRE AU CHÔMAGE!
LES VIS PLATINÉES! C'EST TOUJOURS CES MAUDITES VIS PLATINÉES!
UN AVOCAT ME DIT UNE CHOSE, UN AUTRE M'EN DIT UNE AUTRE! JE NE SAIS PLUS OÙ J'EN SUIS... JE SUIS DÉSESPÉRÉ!

AVANT DE CONTINUER, JE VOUDRAIS ÊTRE SÛRE QUE L'ON COMPREND LES PAROLES.
QUINO

NASA
CE QUI SE PASSE, C'EST QUE LE CIEL EST EXAGÉRÉMENT HAUT !
NASA
QUINO

J'AI UNE QUESTION QUI ME TROTTE DANS LA TÊTE : EST-CE QUE LES ANGES PEUVENT VOLER EN ARRIÈRE ?
DANS CE MONDE, CHACUN A SES GRANDES ET PETITES PRÉOCCUPATIONS.
QUINO

ET ALORS ? QU'EST-CE QUE TU AS DEMANDÉ AU PÈRE NOËL, MAFALDA ?
LA PROSCRIPTION DES ARMES ATOMIQUES OU QUELQUE CHOSE COMME ÇA ! À TOUS LES COUPS ! TU CONNAIS LES LUBIES DE MAFALDA...
QUINO

606
"MES CHERS AUDITEURS, NOUS VOUS PRÉSENTONS MAINTENANT NOTRE BULLETIN D'INFORMATIONS NATIONALES.
© QUINO

608
© QUINO
TIC!

UN LIVRE DE CONTES DE FÉES, UNE POUPÉE ET UN JEU DE CONSTRUCTION, FÉLIPE.
QU'EST-CE QUE TU AS, SUSANITA? POURQUOI TU COURS?
INTUITION FÉMININE.
"ET INTERNATIONALES AVEC LA
AUJOURD'HUI, JE NE VEUX PAS LE SAVOIR.
SNIF!...
QUINO

ELLE MONTE COMME LES VRAIES FUSÉES ?
BIEN SÛR.
FAIS VOIR. VAS-Y !
TIC!
607
© QUINO

QUOI ? ELLE MARCHE, TON ESPÈCE DE FUSÉE ? COMME UNE VRAIE ? TU PARLES !
NON ? EH BIEN, REGARDE !
TIC!
609
© QUINO

FÉLIPE M'A DONNÉ ENVIE DE FAIRE DES MOTS CROISÉS. VOUS M'AIDEZ À FAIRE MON PREMIER ESSAI ?
BIEN ENTENDU
BON, D'ABORD, L'HORIZONTAL.
624

C'EST SANS DOUTE MIEUX COMME ÇA, MIGUELITO! SINON, ELLE POURRAIT CREVER L'OEIL D'UN ANGE...
FÉLIPE, C'EST QUELQU'UN!

AH! ET ALORS?
TOC!

1- ÊTRES FABULEUX QU
FABULEUX? LES BEATLES!

MAIS MAMAN, JE SUIS EN TRAIN DE JOUER !
ÇA NE FAIT RIEN. TU DOIS VENIR DIRE BONJOUR À TANTE CHARLOTTE !
610
OOOOH ! VOICI LE PETIT ANGE BRUN DE LA FAMILLE ! ELLE EST MIGNONNE !... VIENS VOIR CHARLOTTE... VIENS !

IDIOTE !
611
QU'EST-CE QUE C'EST ?
UNE FOURMI ! ÇA ME REND FURIEUSE QUAND JE ME FAIS MORDRE PAR UNE DE CES BESTIOLES !

614
ÉCOUTE, LE 9 VERTICAL C'EST : " ILS ONT ENVIE DE MONTER. "
JE SAIS, FÉLIPE !
EN QUATRE LETTRES, HEIN ?

COMMENT, VAS-TU, MON TRÉSOR? QUI TU PRÉFÈRES TON PETIT PAPA OU TA PETITE MAMAN? COQUINE! OU LA TANTE CHARLOTTE. TU L'AIMES, DIS? MMMCHUUUK SMACK!
LA TANTE CHARLOTTE, C'EST UN BUT MARQUÉ CONTRE L'HUMANITÉ
QUINO

OUI, C'EST AGAÇANT. HIER SOIR, JE ME SUIS FAIT PIQUER PAR UN MOUSTIQUE.
TU NE VAS PAS COMPARER. LE MOUSTIQUE PIQUE POUR GAGNER SON PAIN!
QUINO

QUINO
AH...
NON, ALORS "ÉNARQUES", C'EST BEAUCOUP TROP LONG.

MMH?
FICHE-MOI LA PAIX AVEC TES QUILLES. ON FAIT LES MOTS CROISÉS OU JE VAIS CHEZ MOI.
616
BON! ALLONS-Y! ON FAIT LES MOTS CROISÉS
1. HORIZONTAL: "CULTIVENT LA TERRE AVEC LA CHARRUE!"
ET LES FRUITS? VOUS AVEZ VU LE PRIX DES FRUITS?!
LES FRUITS, ET LE RESTE! C'EST DU VOL!
617
© QUINO
371
371
"GRANDES ONDULATIONS QUI SE PRODUISENT À LA SURFACE DE LA MER."
VAGUES.
620
VAGUES... TRÈS BIEN. CES MOTS CROISÉS ONT L'AIR FACILES. CONTINUONS.
© QUINO
"FILS DE SATURNE, FRÈRE DE JUPITER ET MARI DE PROSERPINE."

LES PAUVRES! TOUT ÇA POUR ENRICHIR LES INTERMÉDIAIRES! C'EST LA TRISTE VIE DU PAYSAN!
T'ES LUNATIQUE, FÉLIPE!
MOI?
QUINO
371
APRÈS TOUT, CES PETITS MYSTÈRES FONT QUE LA VIE EST PASSIONNANTE.
QUINO
LE FILS DE LA DAME DU 4e S'EST MARIÉ AVEC LA FIANCÉE DE SON FRÈRE ET VOUS VERRIEZ LE DRAME QUE ÇA FAIT!
QUINO

MAFALDA, TU NE PEUX PAS SAVOIR COMME IL FAIT CHAUD CHEZ MOI !
JE SAIS, MIGUELITO ! C'EST COMME CHEZ MOI !
AH ! CHEZ TOI AUSSI ?
615
© QUINO

FARMAC
618
© QUINO

STOÇKHOLM : " LA SUÈDE A DES REFUGES ATOMIQUES CAPABLES D'ABRITER LA MOITIÉ DE LA POPULATION".
" DE MÊME, LA PLUPART DES USINES ONT ÉTÉ INSTALLÉES SOUS TERRE."
619
© QUINO

MAIS OUI, MON VIEUX! LÀ, DANS LA RUE, PARTOUT, IL FAIT UNE CHALEUR INFERNALE!
CLAC!
?
ET MOI QUI CROYAIS QUE C'ÉTAIT LA CHALEUR DU FOYER!
QUINO

HOMEO
EN PANNE
TU PARLES D'UNE FROUSSE! J'AI PENSÉ QUE J'ÉTAIS CREUSE!
QUINO

C'EST LE PROBLÈME AVEC LES SUÉDOIS...
ON NE SAIT S'IL FAUT ADMIRER LEUR TECHNIQUE OU LEUR PESSIMISME.
QUINO

DIS-MOI, PAPA, QUAND TU ÉTAIS PETIT, LES GENS AVAIENT PEUR DE LA GUERRE ET DE LA BOMBE ATOMIQUE?
613

"VOUS VENEZ D'ENTENDRE NOTRE BULLETIN D'INFORMATIONS."
COMME D'HABITUDE! LE MONDE EST EN FOLIE!
TIC
627
© QUINO
COURSE AUX ARMEMENTS! CONFLITS CONTRE LES NATIONS! VIOLENCE! TROUBLES! QU'EST-CE QUI NOUS ATTEND?

621
© QUINO

SÛR QU'ILS AVAIENT PEUR DE LA GUERRE! MAIS À CETTE ÉPOQUE-LÀ IL N'Y AVAIT PAS DE BOMBES ATOMIQUES...
C'ÉTAIT UNE PEUR DE PACOTILLE, ALORS!
MOI, TOUT CE QUE JE SAIS, C'EST QUE LES OISEAUX N'ONT PAS BESOIN D'ESCALIER, QUAND ILS VEULENT MONTER QUELQUE PART!
MIGUELITO EST UN OPTIMISTE PRIMAIRE.
QUINO
JAMAIS LE COW-BOY NE S'EST SENTI AUSSI SOLITAIRE!
?

BONJOUR, SUSANITA JE SUIS VENUE RECHERCHER LES REVUES QUE JE T'AI PRÊTÉES
AH ! OUI ! VIENS DANS MA CHAMBRE ! JE TE LES DONNE !
622
© QUINO
10 nov. 72
17 juil 72
3 janv. 72

IL Y A UN MOT DANS CETTE GRILLE QUE JE N'ARRIVE PAS À TROUVER, MANOLITO. SAIS-TU PAR HASARD, LA FORMULE CHIMIQUE DU GAZ LACRYMOGÈNE ?
623
© QUINO
ATTENDS... GAZ LACRYMOGÈNE... LACRYMOGÈNE... LA FORMULE DU GAZ LACRY!...

626
FIN
© QUINO
TIC

QU'EST-CE QU'IL Y A DANS CES FLACONS AVEC UNE DATE?
DES LARMES... C'EST MA COLLECTION DE MOMENTS PÉNIBLES.
QUINO

CRS?
QUINO

MAIS POURQUOI N'ONT-ILS PAS ENCORE DONNÉ L'OSCAR À LA PANTHÈRE ROSE?
QUINO

TU N'AURAIS PAS UN PETIT BOUT DE PAPIER À ME DONNER, MAFALDA.
JE CROIS QUE SI, MIGUELITO.
TIENS, J'EN AI DES COMME ÇA ... ÇA VA ?
AH NON! CEUX-LÀ NON
MOI JE VOULAIS DE CEUX QUI SERVENT À S'ACHETER DES CHOSES.
MAIS C'EST DE L'ARGENT, PAS DU PAPIER !
625
© QUINO

TOUT A CHANGÉ ET LE MONDE EST BEAU.
QU'EST-CE QUI SE PASSE, SUSANITA? PLUS D'INFLATION? PROSCRIPTION DES ARMES ATOMIQUES? DU RIZ POUR L'INDE? LES NOUVELLES ÉTAIENT BONNES?
628
© QUINO

ELLE VA BIEN, L'ÉPICERIE DE TON PÈRE, MANOLITO?
BEN, COMME CI, COMME ÇA ... LES GENS SONT EN VACANCES ET LES CLIENTS SE FONT RARES.
POURQUOI VOUS NE FERMEZ PAS QUELQUES JOURS POUR PRENDRE DES VACANCES, VOUS AUSSI? TU N'AS PAS EU L'IDÉE DE PROPOSER ÇA À TON PÈRE?
631
© QUINO

APPELLE ÇA COMME TU VEUX !
IL TIENDRA COMBIEN DE TEMPS SANS ÊTRE CONTAMINÉ?
LES NOUVELLES ?
NON ! JE NE CROIS PAS QUE L'A.F.P., REUTER OU UNITED PRESS AIENT APPRIS QUE J'AVAIS DES CHAUSSURES NEUVES.
AH.

MAFALDA! TU AS VU MES CHAUSSURES NEUVES?
TU ME LES AS MONTRÉES HIER, SUSANITA. ELLES SONT TRÈS JOLIES!
629
LA MODE, ÇA NE T'INTÉRESSE PAS BEAUCOUP, ON DIRAIT?
SI, ÇA M'INTÉRESSE. POURQUOI TU CROIS QUE NON?

630
ANSELMO!
STEPHANE!

C'EST UN NOUGAT ENTIER. TU EN VEUX LA MOITIÉ?
D'ACCORD, MAIS TU NE VAS PAS LE REGRETTER APRÈS?
632
LE REGRETTER? S'IL TE PLAÎT.
TROC!

EH BIEN... JE NE SAIS PAS... POUR RIEN... COMME ÇA. AU REVOIR.
AU REVOIR.
LA PAUVRE! ELLE MANQUE TELLEMENT DE FÉMINITÉ!
MON VIEUX! QU'EST-CE QUE TU FAIS LÀ!
QUELLE CHANCE DE TE RENCONTRER COMME ÇA!
LE MONDE EST VRAIMENT UN MOUCHOIR DE POCHE!
POUR LES PLAINTES: S'ADRESSER AU BLANCHISSEUR...
QUANT À SOUFFRIR, AUTANT SOUFFRIR DANS L'HONNEUR!

634
TUMP!

635
© QUINO

636
TU VAS VOIR, MANOLITO.
© QUINO
TU VOIS CE QUE JE T'AVAIS DIT? ÇA DÉTEINT.

OUAH! DANS QUEL ÉTAT JE SUIS !
TU PARLES...
ON N'A PAS IDÉE DE VIVRE SUR UNE PLANÈTE QUI DÉTEINT !
MAFALDA A RAISON. CETTE PLANÈTE OÙ NOUS VIVONS, ELLE DÉTEINT !
L'ENNUI D'AVOIR DES OREILLES NON RÉTRACTABLES, C'EST QU'ON S'EXPOSE À ENTENDRE DES CHOSES COMME ÇA !
QUINO

VOICI NOTRE PLANÈTE, NOTRE VIEILLE TERRE, NOTRE MONDE BANCAL, ET EN PLUS IL DÉTEINT ! QU'EN DIS-TU ?
QU'IL FAUDRAIT LE GARDER COMME ÇA, PARCE QU'ON NE SAIT PAS EN QUEL SIÈCLE EXPIRE LA GARANTIE.
QUINO

633
ELLE EST À COMBIEN LA LAITUE AUJOURD'HUI, MIGUELITO ?
© QUINO

JE N'EN REVIENS PAS ! IL Y A PLUS DUN MOIS QU'ON A FÊTÉ LENOUVEL AN, ET ON DIRAIT QUE C'ÉTAIT HIER !
637
COMME LE TEMPS PASSE, MIGUELITO ! COMME LE TEMPS PASSE !

MÉGALOMANE !
639
© QUINO
NE TE FÂCHE PAS, MANOLITO ! QUAND TU SERAS GRAND TU AURAS UNE CHAÎNE DE SUPER MARCHÉS ET TU SERAS UN VRAI P.D.G. NON ?
ET ALORS ?

QUINO
SI C'EST À CAUSE DE MES CHEVEUX QUE TU DIS ÇA, JE TE RÉPONDRAI : LA LAITUE VAUT BIEN TA CHOUCROUTE, SAUCISSE !
BZZZZZZZZZZZZZZZZZZZZZZ
BON SANG ! TU L'AS VUE ? C'ÉTAIT UNE ABEILLE OU UNE MINUTE ?
QUINO
UN P.D.G. DOIT AVOIR LE SENS DE L'AUTOCRITIQUE ET SI JE T'INSULTE, C'EST POUR T'AIDER À AUGMENTER TON VOCABULAIRE. COMME ÇA, TU POURRAS MIEUX T'AUTOCRITIQUER. TU COMPRENDS ?
JE COMPRENDS.
JE COMPRENDS ?
QUINO

J'AI DÉCOUVERT UN TRUC FANTASTI_QUE... REGARDE_
QUOI ?
TU NE TROUVES PAS QUE C'EST DIABLEMENT UTILE POUR S'EN ALLER, LE DOS ?
640

641
© QUINO

644
DIS-MOI, MAMAN, C'EST COMMENT L'ENDROIT OÙ ON VA EN VACANCES ?
FORMIDABLE ! AVEC DES LACS MERVEILLEUX AU MILIEU DES MONTAGNES ET DES FORÊTS SUPERBES.
© QUINO

JE NE SAIS PAS COMMENT LES GENS S'EN IRAIENT S'ILS N'AVAIENT PAS DE DOS.
QUINO
QUINO
TIC
IL DEVRAIT Y AVOIR UN JOUR DE LA SEMAINE OÙ LES INFORMATIONS NOUS MENTIRAIENT UN PEU ET NOUS DONNERAIENT RIEN QUE DES BONNES NOUVELLES...
QUI A FAIT TOUT ÇA SI JOLI ?
C'EST DIEU QUI A FAIT TOUT ÇA SI JOLI.
DOMMAGE QU'ICI ON AIT PASSÉ LE CHANTIER À QUELQU'UN D'AUTRE !

PARLONS DES VACANCES, MAFALDA ! J'ADORE PARLER DE PARTIR EN VACANCES ! DISCUTER DES PRÉPARATIFS !
COMMENTER LES ÉMOTIONS DU VOYAGE ! JE PASSERAIS MA VIE À PARLER DE ÇA ET RIEN QUE DE ÇA...

TOI AU BORD DES LACS DU SUD; MOI, À LA PLAGE... TU NE TROUVES PAS QUE C'EST MERVEILLEUX DE POUVOIR PARTIR EN VACANCES ?
PARCE QUE... IL FAUT BIEN SE DIRE QUE N'IMPORTE QUI NE PART PAS EN VACANCES. ÇA NON...

ALORS, DEMAIN, TU PARS EN VACANCES AU BORD DES LACS DU SUD ? VEINARDE !
OUI, MA MÈRE Y EST ALLÉE EN VOYAGE DE NOCES ET ELLE DIT QUE C'EST TRÈS BEAU.
QUAND ON SE MARIE, TOUT DOIT PARAÎTRE SI BEAU ! HEIN ? FÉLIPE ?

PARCE QUE, TU SAIS, LA SEMAINE PROCHAINE JE PARS EN VACANCES !
QUELLE COÏNCIDENCE !
MOI AUSSI, SUSANITA !
AH, TOI AUSSI ?
...MA TANTE CLAIRE N'A PLUS DE BONNE, ET PUIS ELLE A DES RHUMATISMES ET UN FILS AU VENEZUELA. ET PUIS CHEZ NOUS, LA TÉLÉ EST EN PANNE, LE PAIN AUGMENTÉ, J'AI LU QUE BRIGITTE BARDOT...
QUINO
AH... ET ÇA TE PARAÎT MERVEILLEUX ÇA ? RÉFLÉCHIS ! IL Y A DE QUOI S'EN RÉJOUIR ? HEIN ?
QU'EST-CE QUE TU VEUX ! PLUS JE RÉFLÉCHIS ET PLUS LE STATUT SOCIAL ME MONTE À LA TÊTE !...
NOOOOOONN !
TUMP !
AH ! SACRÉ FÉLIPE ! QUEL RIGOLO, NON ? L'IMBÉCILE NE S'EST PAS RENDU COMPTE QUE JE PLAISANTAIS !

"SELON UN RAPPORT DE L'UNESCO, ON ESTIME QU'IL Y A DANS LE MONDE 700 MILLIONS D'ADULTES ANALPHABÈTES ?"
638

642
ON VA PARTIR EN VACANCES ?
© QUINO

ON VA RATER LE TRAIN, MAFALDA ! QU'EST-CE QUE TU FABRIQUES ?
647

SEPT CENTS MILLIONS, MON DIEU !
COMME LE PROGRÈS EST EN RETARD !
?
AH...
EN VACANCES VA PARTIR ON ?
$ 231.000
JE VOUDRAIS LE RANGER PENDANT QU'ON EST EN VACANCES !
LAISSE-LE COMME IL EST ET VIENS. IL NE VA RIEN LUI ARRIVER !
DIEU T'ENTENDE !

648
C'EST DOMMAGE QUE MAMAN DORME ! C'EST SI JOLI, PAPA ! DES CHAMPS, PARTOUT !
© QUINO
ET DES VACHES !
DANS CE COIN LE PAYSAGE EST DEVENU TROP MÉLANCOLIQUE, VRAI, PAPA ?
© QUINO
C'EST VRAI QUE LA TERRE N'EST PAS FERTILE... MAIS ELLE CACHE UNE GRANDE RICHESSE. TU AS ENTENDU PARLER DU PÉTROLE, JE SUPPOSE.
650
APALA
ET VOILÀ !
POURQUOI ON EST DESCENDUS ICI ?
© QUINO
PARCE QU'À PARTIR D'ICI, ON COMMENCE À PARCOURIR LA CONTRÉE DES LACS EN CAR.
ALORS ON QUITTE LE TRAIN ?
OUI

ET CES PAUVRES GENS ! CETTE CABANE ! C'EST MISÉRABLE !
"PITTORESQUE" MON PETIT, "PITTORESQUE" !
PÉTROLE ? MAIS OUI, PLUSIEURS FOIS ...
... DANS CE COIN LE PAYSAGE EST DEVENU TROP POLITIQUE ... VRAI, PAPA ?
QUINO
ALORS ATTENDEZ.
?
À BIENTÔT ... ET PARDON POUR CETTE INFIDÉLITÉ.
QUINO

651
ALORS MAFALDA? QU'EN PENSES-TU?
© QUINO

652
POURQUOI IL Y A TANT DE FLEURS? POURQUOI TOUT EST BEAU ICI?
© QUINO
IL Y A UNE LÉGENDE QUI RACONTE QUE QUAND DIEU ÉTAIT EN TRAIN DE CRÉER LE MONDE, IL S'EST ASSIS ICI POUR SE REPOSER ET QU'IL S'EST ENDORMI... ET SANS QU'IL S'EN RENDE COMPTE, TOU-TES CES MERVEILLES LUI SONT TOM
BÉES DES MAINS...

653
OH! OH! VOILÀ UNE BELLE PHOTO!
HOSTERÍA
QUINO

MON DIEU ! DIRE QUE LES HOMMES, QUI NE PENSENT QU'À LEUR MESURE VONT RÉDUIRE TOUT CELA EN CARTES POSTALES ...
J'ESPÈRE ALORS QU'IL EST AU COURANT : DONNER C'EST DONNER REPRENDRE C'EST VOLER !
ALORS?
JE NE PEUX PAS... CELA ME RAPPELLE TROP LE BUREAU !

654
© QUINO
QUINO
© QUINO
QUAND JE PENSE QUE CES ARBRES COMMENCENT PAR ÊTRE PETITS COMME ÇA!
© QUINO
656
D'ICI QUE CETTE PETITE POUSSE AIT ATTEINT CETTE TAILLE, QU'EST-CE QUE L'HUMANITÉ SERA DEVENUE?

QUINO
C'EST PAS LA MODES-TIE QUI T'ÉTOUF-FE, HEIN?
ET TOI, ÇA NE T'EST JAMAIS VENU À L'IDÉE D'ALLER CONSULTER UN PSYCHA-NALYSTE?
QUINO
TIC!
MERCI POUR L'HOROSCOPE!
QUINO

WOW! IT'S BEAUTIFUL!
LOOK OVER THERE!
BOY, WHAT A VIEW!

ET SI AU LIEU DE RENTRER À LA MAISON ON RESTAIT VIVRE ICI? C'EST SI BEAU!
C'EST IMPOSSIBLE, MAFALDA, LES VACANCES DE PAPA SONT FINIES, IL DOIT RETOURNER AU BUREAU, ET TOI À L'ÉCOLE ET MOI À LA MAISON.

SALUT. QU'EST-CE QU'IL Y A?
DANS UNE SEMAINE, C'EST LA RENTRÉE.

GEE!...THAT'S THE MOST EXCITING MOUNTAIN I'VE SEEN IN ALL MY LIFE!
AND WHAT ABOUT THAT WATER FALL, THERE?
YEAP!
IT'S LIKE A PANORAMIC VISION FILM! ISN'T IT?
VITE, PAR PITIÉ! DITES-MOI UNE GAULOISERIE QUELCONQUE!
OUI, MAIS L'IDÉE DE MAFALDA, QUAND ON Y RÉFLÉCHIT BIEN, HEIN?
HEIN?
DANS UNE SEMAINE! LE MORAL EST SI BAS QU'IL VA FALLOIR PRENDRE DES PRÉCAUTIONS POUR NE PAS MARCHER DESSUS

LES FEUX SONT INTERDITS
658

ÇA A ÉTÉ DES VACANCES MERVEILLEUSES, MIGUELITO ! ME VOILÀ À CÔTÉ D'UN DE CES ARBRES DONT JE TE PARLAIS ...
660

C'EST PAS POSSIBLE : ON NE PEUT PAS AVOIR LE MORAL À ZÉRO PARCE QUE LUNDI NOUS RENTRONS EN CLASSE, FÉLIPE !
IL FAUT RÉAGIR ! APRÈS TOUT, C'EST POUR NOTRE BIEN QUE NOUS ALLONS À L'ÉCOLE !
662

À L'INTÉRIEUR DU PARC NATIONAL!
HACER
FUEGO
AH, TIENS... JE CROYAIS QUE LES ARMES ÉTAIENT PROHIBÉES SEULEMENT DANS LES SALOONS!
QUINO

C'EST INCROYABLE QU'UN ARBRE PUISSE POUSSER AUSSI HAUT, NON?
OUI, C'EST VRAI MAIS... ON VOIT MAL À QUOI D'AUTRE UN ARBRE POURRAIT EMPLOYER SON TEMPS, NON?
QUINO

JE SAIS BIEN! CE QUI ME REND TRISTE CE N'EST PAS L'ANNÉE SCOLAIRE, NI LES DEVOIRS, NI LA MAÎTRESSE, NI LES LEÇONS... NON C'EST...
C'EST TOUS CES FOUTUS JOURS DE CLASSE!
QUINO

ET POURQUOI MOI? POURQUOI IL FAUT QUE J'AILLE À L'ÉCOLE ? LA SEULE CHOSE DONT J'AIE ENVIE, C'EST ME MARIER ET AVOIR DES ENFANTS !
SI ON M'APPRENAIT SEULEMENT À LIRE ET À COMPTER, ÇA C'EST UTILE POUR FAIRE LE MARCHÉ.
663

IL NE FAUT PAS ÊTRE TRISTE À CAUSE DE LA RENTRÉE DES CLASSES, MANOLITO. C'EST POUR NOTRE BIEN QU'ON VA À L'ÉCOLE !
PEUT-ÊTRE, MAIS C'EST DUR !
OUI, C'EST DUR-MAIS, C'EST ÇA QUI EST BIEN : COMBATTRE L'IGNORANCE ET LA VAINCRE !
664

BLOUSES et TABLIERS
JE PRENDS CELUI-LÀ.
CELUI-LÀ ?
MAIS... CELUI-LÀ ?
665

MAIS TOUT LE RESTE? HEIN? À QUOI ÇA ME SERT, TOUT LE RESTE? ALLONS...
QU'ON M'EXPLIQUE COMMENT ON ACCOMMODE LES HÉROS MATINAUX AVEC DES RAVIOLI !!
D'ACCORD, MAIS LA POSITION DE MANOLITO EST PARTICULIÈRE DANS CETTE BATAILLE.
QUINO
IL FAUT COMPRENDRE QUE LE PAUVRE PORTE L'ENNEMIE SUR SON DOS.
TOC! TOC!
OUI, MAFALDA. AVEC UN OURLET ET EN RACCOURCISSANT LES MANCHES, TU LE METTRAS ENCORE L'AN PROCHAIN.
JE REFUSE QU'ON ME COUSE ET ME DÉCOUSE L'AVENIR!
QUINO

BON... ENCORE DEUX JOURS ET À L'ÉCOLE !

QUAND TU ÉTAIS PETIT, TU AVAIS PEUR DE LA RENTRÉE DES CLASSES?
PEUR? MOI?
MAIS TU RÊVES?
HA ! HA ! MOI, AVOIR PEUR
LUNDI, C'EST LA RENTRÉE DES CLASSES...

À QUOI PENSE UN PARACHUTISTE DEUX MÈTRES AVANT DE TOUCHER TERRE, AVEC SON PARACHUTE FERMÉ ?
QUINO
TIT-BITS
BON... POURQUOI TU NE VAS PAS JOUER DEHORS...
QUINO
?
ESCUELA

m-a : ma
OUI-TRRRÈS BIEN.
TU COMPRENDS, MIGUELITO?

DIS DONC, ELLE EST JEUNE TA MAÎTRESSE, FÉLIPE? ELLE EST SYMPA?
MMMMHH?
TA MAÎTRESSE? COMMENT ELLE EST?

TU ES UN CRÉTIN, FÉLIPE TOMBER AMOUREUX DE TA MAÎTRESSE! ENCORE UNE QUI EST JOLIE PAR DEHORS...
PARCE QU'IL Y A LES GENS BEAUX PAR DEHORS...

m-
ma
CAPISCO.
QUINO

MMMMMMMMHH!
IL NE MANQUAIT PLUSQUE ÇA! CET IMBÉCILE S'EST VENDU AU PATRONAT!

... ET LES GENS BEAUX PAR DEDANS!
IL Y A AUSSI NOUS, LES BEAUX RÉVERSIBLES.
QUINO

HA! ALORS TU ES AMOUREUX DE TA MAÎTRESSE, HEIN? LAISSE-MOI RIRE! AH! AH! AH!
TU ES UN CRÉTIN ET JE TE DÉTESTE!
672
© QUINO

BONJOUR, MIGUELITO, JE VIENS VOIR SI TU VEUX UN COUP DE MAIN POUR FAIRE TES DEVOIRS?
JE SUIS JUSTEMENT EN TRAIN DE LES FAIRE
JE DOIS COPIER CETTE PHRASE DEUX FOIS, TU VOIS.
ma maman m'aime.
673
© QUINO

685
ÉCOUTEZ-MOI TOUS! JE SUIS LE CÉLÈBRE TROMPET-TISTE NOIR!
© QUINO

MCHUIIIK!
IMBÉCILE!
SNIFF!
LA SEMAINE DERNIÈRE J'AI LU DANS LE JOURNAL COMMENT MARCHAIT LA BOÎTE DE VITESSE DE LA FORD-LOTUS ET JE N'AI RIEN COMPRIS NON PLUS!
QUINO

MIGUELITO! SI TU NE RANGES PAS TES AFFAIRES QUAND TU AURAS FINI, JE TE PROMETS UNE VOLÉE!
QUINO
CETTE PHRASE N'A PAS GRAND-CHOSE À VOIR AVEC LA RÉALITÉ, MAIS ENFIN...

TUUUT-TUEEET-TUUUTÚT
TUET-TUT-TUT-TUTUTÚTUT
TUUT-TÚT-TUT-TUEET-TÚT
TUUUUUUUUUUUUUUT
TUTUTÚ-TUET-TUEET-TÚT
TUT-TUT-TUUUT-TUTUTÚT
QUELLE BANDE DE RACISTES!

VOICI L'AUTOMNE, MANOLITO... C'EST SI POÉTIQUE... SI GRIS...
676
© QUINO

674
'A MOI!
© QUINO
TUP!

BONJOUR PETITE, LE MAÎTRE DE MAISON EST LÀ?
© QUINO
DANS CETTE FAMILLE, IL N'Y A PAS DE MAÎTRE C'EST UNE COOPÉRATIVE!

ÇA RESSEMBLE TELLEMENT À UNE DÉVALUATION.

FSSSSSsssss
FFSSSSSSS...
TU PARLES D'UN HONNEUR POUR LE BALLON !

POM !
VOILÀ UNE SITUATION QUE NOTRE CHEF DES VENTES N'AVAIT PAS PRÉVUE...

JE VIENS DE TROUVER QUELQUE CHOSE QUI EST TOMBÉ DE TA TÊTE, MIGUE-LITO.
DE MA TÊTE? C'EST QUOI?

SALUT! JE SUIS LE CÉLÈBRE TROMPETTISTE NOIR, TU VOUDRAIS ÉCOUTER QUELQUE CHOSE? OUI? TRÈS BIEN!

HÉ: REGARDEZ QUI ARRIVE!
QUI?

ÇA ! FAIS ATTENTION. EN AUTOMNE TU POURRAIS DEVENIR CHAUVE.
HA- HA HA- HA...
TUT-TÚT-TÚT-TÚT-TÚT-TUTÚTU-TUET TÚTUTÚÚÚÚTUT TUT-TUT-TUT-TUTÚ TÚT-TUT
ÉVIDEMMENT ! IL N'Y A AUCUNE ACOUSTIQUE ICI !
AH?...
TUT-TUT-TUTUET TUUUUT-TUUUTUT TUET-TUTÚTUT-TUT TUTÚ-TUTUT-TUTUT
LE CÉLÈBRE TROMPETTISTE NOIR !

ET VOICI MAINTENANT POUR VOUS LE CÉLÈBRE TROMPETTISTE NOIR !
TUET-TUT-TUT TÚTÚÚÚÚ-TUT-TUTÚTUT-TUT-TUEET-TUEET-TUT-TUUUTUT TÚUUUUUUT TUT
679
VOUS ALLEZ ÉCOUTER MAINTENANT LE CÉLÈBRE TROMPETTISTE NOIR.
682
UF !... AG !.. UF !..

Y EN A MARRE DE CETTE TROMPETTE!
LE JAZZ TE REND TRISTE?
... ICI, IL N'Y A PAS DE PISTON QUI TIENNE ... CHACUN DOIT SE RÉSIGNER À ÊTRE DURANT TOUTE SA VIE SON PROPRE GAR-ÇON DE BAIN!
PUF!... ... UF!.... ... PUF!...
?
SALUT, MAFALDA!
VOUS VENEZ D'ÉCOUTER UN ENREGISTRE-MENT DE LOUIS ARMSTRONG!

684
ÉCOUTEZ MA DEVINETTE...
VAS-Y.
UNE FEMM
LA LUNE!

"ET MAINTENANT QUELQUES NOUVELLES DE L'ÉTRANGER"
685
© QUINO
"L'U.R.S.S. A REPOUSSÉ AUJOURD'HUI...
UNE PROPOSITION DES ÉTATS-UNIS.

CE CASQUE PLEIN DE TROUS, CA NE VA PAS ! IL LAISSE PASSER LES BALLES !
687
© QUINO

TU LA CONNAISSAIS, MAIS PAS ELLE! TU NE POUVAIS PAS TE TAIRE?
POUR QUOI FAIRE? TÔT OU TARD, QUELQU'UN LUI AURAIT VENDU LA MÈCHE.
QUINO

...UNE PROPOSITION DES ÉTATS-UNIS!
QU'EST-CE QUE JE DISAIS?
CE QU'IL Y A DE BIEN AVEC CE MONDE, C'EST QU'IL FONCTIONNE COMME UNE HORLOGE.
QUINO

MAIS IL LAISSE AUSSI SORTIR LES IDEÉS!

688
D'ABORD LE CHAUFFE-BAIN A EXPLOSÉ ET DÉMOLI LA MOITIÉ DE LA MAISON.
ET PUIS LA TUYAUTE-RIE A CREVÉ ET ON A EU UNE INONDA-TION, PENDANT QU'UN COURT-CIRCUIT METTAIT LE FEU À CE QUI SURNAGEAIT...
© QUINO
689
TOI QUI NOUS CASSES TOUJOURS LES PIEDS AVEC L'ÉPICERIE DE TON PÈRE, L'ARGENT ET LES AFFAIRES, ÉCOUTE ÇA UN PEU.
L'ARGENT NE FAIT PAS LE BONHEUR.
© QUINO
690
LAIT
© QUINO

...APRÈS IL Y A EU DES VOLEURS QUI ONT EMPORTÉ LE RESTE...
...ET PUIS EN EFFAÇANT UN PEU, J'AI DÉCHIRÉ MA COPIE, MADEMOISELLE.
AH OUI ! JE SAIS !
MAIS CE QUI ME RAVIT, C'EST LE MAL QUIL SE DONNE POUR L'IMITER.
C'EST DRÔLE. TOUT D'UN COUP ÇA ME FAIT PENSER À LA POLITIQUE INTERNATIONALE.

TU SAIS MANOLITO, JE PENSAIS...
À QUOI?
SI ON METTAIT BOUT À BOUT TOUT CE QUE TU AS FAIT L'AN PASSÉ À L'ÉCOLE,
QU'ON Y AJOUTE,
"Victor boit le vin de la vigne. Il est bon ce vin, Vincent!"
"Oui, Victor, ce vin est bon - Vincent, vous voyez les barriques de bon vin?
C'ÉTAIT NOS NOUVELLES DU MONDE ENTIER.
MAFALDA, TU AS PRIS MES CRÈMES?
692

TOUT CE QUE TU AS FAIT AU COURS DE CES PREMIÈRES SEMAINES DE CLASSE,
EH BIEN TU DOIS ARRIVER CES JOURS-CI À TES ÂNERIES D'ARGENT, NON?

IL FAUDRAIT FAIRE UN MONUMENT À CES MALHEUREUX AUTEURS QUI AU LIEU D'ÉCRIRE DES OEUVRES IMMORTELLES PRÉFÈRENT NOUS APPRENDRE À LIRE.
QUINO

QUINO
CELLES DE BEAUTÉ, SEULEMENT.

"CHERS PETITS AMIS, AUJOURD'HUI ENCORE NOUS VOUS PARLERONS DE L'HOMME PRÉHISTORIQUE, L'HOMME PRÉHISTORIQUE ADORAIT LE FEU, LA PLUIE LE TONNERRE..."

MAMAN?
696

QU'EST-CE QUE TU FERAIS SI TU VOYAIS UNE SOUCOUPE VOLANTE? HEIN, SUSANITA?
QU'EST-CE QUE TU FERAIS SI DES PETITS HOMMES VERTS ESSAYAIENT DE NOUS EMPORTER SUR LEUR PLANÈTE?
697

"IL DIVINISAIT TOUT CE QUI LUI ÉTAIT INEXPLICABLE, CE QUE SON INTELLIGENCE ÉTAIT INCAPABLE DE SAISIR."
AH ! TU LE VOIS, CELUI-LÀ, DIVINISANT TOUT CE QU'ON APPREND À L'ÉCOLE !
QU'EST-CE QU'IL Y A ?
RIEN. JE VOULAIS SEULEMENT M'ASSURER QU'IL Y A ENCORE UN JOLI MOT QUI SERT À QUELQUE CHOSE.
RIEN DU TOUT ! PARCE QUE JE NE CROIS PAS QU'IL Y AIT DES PETITS HOMMES VERTS VENUS D'UNE AUTRE PLANÈTE, POUR NOUS EMPORTER. JE NE CROIS PAS À CES IDIOTIES, TU ENTENDS ?

VOUS AVEZ LU LES JOURNAUX ? UN SATELLITE QUI ÉTAIT EN ORBITE A DISPARU MYSTÉRIEUSEMENT?
MYSTÉRIEUSEMENT?
© QUINO
694
OUI... LES SAVANTS DISENT QU'IL N'EST PROBABLEMENT PAS DÉSINTÉGRÉ DANS L'ATMOSPHÈRE EN FAIT, PERSONNE NE SAIT OU IL EST.
À QUOI POURRAIT-ON JOUER ?
JE SAIS! À N'IMPORTE QUOI! HEIN? C'EST BATH, NON? ALLONS-Y.
J'AI BESOIN D'UN CONSEIL, MAFALDA!
DE QUOI S'AGIT-IL, SUSANITA ?
700
© QUINO

BEN OUI, MAIS À QUOI ?
J'EN SAIS RIEN MOI ! DEPUIS QUAND LES GENS QUI ONT DES IDÉES DOIVENT-ILS TROUVER DES SOLUTIONS ?
DIS-MOI, QU'EST-CE QUE JE PEUX FAIRE AVEC UNE PERSONNALITÉ AUSSI RICHE QUE LA MIENNE ?

JE VEUX PAS TE CHASSER, FÉLIPE, MAIS IL EST QUATRE HEURES ET DEMIE : TU DEVRAIS PAS RENTRER CHEZ TOI ET FAIRE TES DEVOIRS ?
J'AI TOUT LE TEMPS !
SIX HEURES MOINS DIX, FÉLIPE... TES DEVOIRS...
J'Y VAIS TOUT DE SUITE ET JE LES FAIS D'UN SEUL COUP.
698
© QUINO

PAPA, SI ON TROUVE LES PETITS BÉBÉS DANS LES CHOUX, ÇA VEUT DIRE QUE J'AI EU UNE ORIGINE VÉGÉTALE ?
699
© QUINO

FÉLIPE, TU SAIS QU'IL EST SEPT HEURES VINGT?
DÉJA?!
MON DIEU! LES MULTIPLICATIONS, SUJET ET COMPLÉMENT, LA CARTE DE L'AMÉRIQUE. COMMENT JE VAIS FAIRE?
C'EST CHOUETTE, UN AMI QUI VIT DANS UN FILM DE HITCHCOCK
JE PEUX TE DIRE SEULEMENT QUE TU ES MON CHOU.
TU TE DÉBROUILLES PAS MAL, TU SAIS.
QUINO

CATALOGUE J'AI LU BD

ADAMOV & COTHIAS	**Les Eaux de Mortelune - 1** BD109/**5*** Couleur ☺*
ARNAL C.	**Pif le chien - 1** BD81/**4*** Couleur ★
	Pif le chien - 2 BD107/**4*** Couleur ★
	Pif le chien - 3 BD135/**4*** Couleur ★
AUTHEMAN	**Vic Valence - 1** BD41/**4*** Couleur ☺
BARBE	**Cinémas et autres choses** BD30/**2*** ☆
BARDET & DERMAUT	Les chemins de Malefosse :
	1-Le diable noir BD19/**5*** Couleur ☺*
	2-L'attentement BD71/**5*** Couleur ☺*
	3-La vallée de misère BD129/**5*** Couleur ☺*
BEAUNEZ Catherine	**Mes partouzes** BD24/**3*** ☆
	Vive la carotte ! BD160/**5*** Couleur ☆
BERCK & CAUVIN	**Sammy - Les gorilles font les fous** BD158/**4*** C. ★
BERNET & ABULI	Torpedo :
	1-Tuer c'est vivre BD25/**2*** ☺*
	2-Mort au comptant BD113/**2*** ☺*
BINET	Les Bidochon :
	1-Roman d'amour BD4/**3*** ☻
	2-Les Bidochon en vacances BD48/**3*** ☻
	3-Les Bidochon en HLM BD104/**3*** ☻
	4-Maison, sucrée maison BD121/**3*** ☻
	5-Ragots intimes BD150/**3*** ☻
	6-En voyage organisé BD183/3* (Mai 90) ☻
	Kador :
	Tome 1 BD27/**3*** ☻
	Tome 2 BD88/**3*** ☻
BOUCQ	**Les pionniers de l'aventure humaine** BD34/**6*** C. ☺
BRETÉCHER Claire	**Les Gnangnan** BD5/**2*** ☻
	Les naufragés BD185/**3*** (Juin 90) ☻
BRIDENNE Michel	**Saison des amours** BD65/**4*** Couleur ☻*
BROWN Dick	**Hägar Dünor le Viking** BD66/**3*** ☻
BRUNEL Roger	**Pastiches / Ecole franco-belge** BD46/**5*** C. ☻*
	Pastiches / Ecole américaine BD115/**5* C.** ☻*
CAILLETEAU & VATINE	**Fred et Bob / Galères Balnéaires** BD108/**4*** C. ☺
CEPPI	**Stéphane / Le Guêpier** BD116/**5*** Couleur ☺
CHARLES J.F	**Les pionniers du Nouveau Monde 1 - Le pilori** BD103/**4*** Couleur ☺
CHÉRET & LÉCUREUX	**Rahan / L'homme sans cheveux** BD143/**4*** C. ★
	L'enfance de Rahan BD187/**3*** (Juin 90) ★
COLLECTIF	**La bande à Renaud** BD76/**4*** Couleur ☻
	Baston / La balade des baffes BD136/**4*** C. ☻
	Parodies BD175/**3*** ☻*
COMÈS	**Silence** BD12/**5*** ☺
	La belette BD99/**5*** ☺
DELINX & GODARD	La jungle en folie :
	Les aventures de Joé le tigre BD117/**4*** C. ★
	La conquête de l'espace BD133/**4*** C. ★
	Salut la compagnie BD172/**5*** ★
DÉTHOREY & GIROUD	**Louis La Guigne-1** BD97/**4*** Couleur ☺
DRUILLET Philippe	**Les 6 voyages de Lone Sloane** BD60/**5*** C. ☺
	Vuzz BD94/**3*** ☺
	Yragaël BD122/**5*** Couleur ☺
ÉDIKA	**Débiloff profondikoum** BD38/**3*** ☻*
	Homo-sapiens connarduss BD156/**3*** ☻*
	Yeah BD188/**3*** (Juin 90) ☻*
FALK	**Mandrake le magicien** BD58/**4*** Couleur ☺
FOREST Jean-Claude	**Barbarella** BD49/**5*** Couleur ☺*
FRANQUIN	**Idées noires** BD1/**3*** ☻
	Gaston Lagaffe :
	1-Gala de gaffes BD17/**3*** Couleur ☻
	2-Gaffes à gogo BD39/**3*** Couleur ☻
	3-Le bureau des gaffes BD70/**3*** Couleur ☻
	4-Gaffes en gros BD100/**3*** Couleur ☻
	5-Gare aux gaffes BD126/**3*** Couleur ☻
	6-Gaffes d'un gars gonflé BD152/**3*** C. ☻
	7-En direct du passé... BD173/**3*** Couleur ☻

CATALOGUE J'AI LU BD

FRANQUIN	**1-L'ombre du "Z"** BD141/**6*** Couleur ★
	2-Le dictateur et le champignon BD155/**6*** C. ★
	3-Le nid des Marsupilamis BD186/**5*** (Juin 90) ★
FRED	**Magic Palace Hôtel** BD72/**4*** ☺
GIARDINO	**Sam Pezzo - 1 La souricière** BD15/**3*** ☺
GILLON Paul	**La survivante-1** BD111/**6*** Couleur ☆
	La survivante-2 L'héritier BD184/**6*** (Mai 90) C. ☆
GODARD Christian	**Norbert et Kari-L'île aux monstres** BD148/**4*** C. ★
GOTLIB	**Pervers Pépère** BD8/**3*** ☻*
	Rhââ Lovely - 1 BD21/**3*** ☻*
	Rhââ Lovely - 2 BD55/**3*** ☻*
	Rhââ Lovely - 3 BD131/**3*** ☻*
	Gai Luron :
	1-ou la joie de vivre BD43/**3*** ☻
	2-en écrase méchamment BD75/**3*** ☻
	3-rit de se voir si beau... BD169/**3*** ☻
	Hamster Jovial et ses louveteaux BD83/**2*** ☻*
	Rhâ-gnagna - 1 BD159/**3*** ☻*
GOTLIB & ALEXIS	**Dans la joie jusqu'au cou** BD93/**3*** ☻*
GOTLIB LOB & ALEXIS	**Superdupont** BD33/**3*** ☻
HART Johnny	**B.C. - 1** BD79/**3*** ☻
	Le magicien d'Id BD95/**3*** ☻
HERMANN & VERNAL	Jugurtha :
	1-Le lionceau des sables BD53/**5*** Couleur ★
	2-Le casque celtibère BD114/**5*** Couleur ★
JODOROWSKI & ARNO	**Alef-Thau - L'enfant-tronc** BD164/**6*** Couleur ☺
JUILLARD & COTHIAS	Les 7 vies de l'épervier :
	1-La blanche morte BD77/**4*** Couleur ☺
	2-Le temps des chiens BD144/**4*** Couleur ☺
LAMBIL & CAUVIN	Les tuniques bleues :
	Les bleus de la marine BD154/**4*** Couleur ★
	Des bleux en noir et blanc BD179/**3*** ★
LAUZIER	**Zizi et Peter Panpan** BD23/**5*** Couleur ☆
LELONG (Carmen Cru)	**1-Rencontre du 3e âge** BD14/**3*** ☻
	2-La dame de fer BD64/**3*** ☻
	3-Vie et mœurs BD119/**3*** ☻
	4-Ni dieu ni maître BD180/**3*** ☻
LELOUP Roger	Yoko Tsuno :
	1-Le trio de l'étrange BD37/**5*** Couleur ★
	2-La forge de Vulcain BD67/**5*** Couleur ★
	3-La frontière de la vie BD96/**5*** Couleur ★
	4-Message pour l'éternité BD125/**5*** Couleur ★
	5-Les 3 soleils de Vinéa BD167/**5*** Couleur ★
LIBERATORE & TAMBURINI	RanXerox :
	- RanXerox à New York BD3/**5*** Couleur ☺*
	- Bon anniversaire Lubna BD161/**5*** Couleur ☺*
MACHEROT	**Chlorophylle contre les rats noirs** BD51/**4*** C. ★
	Chlorophylle et les conspirateurs BD163/**4*** C. ★
	Chaminou et le Khrompire BD149/**4*** C. ★
McMANUS Geo	**La famille Illico** BD73/**3*** ☻
MAKYO	**Grimion Gant de cuir - 1 Sirène** BD157/**5*** C. ☺
MAKYO & VICOMTE	Balade au bout du monde :
	1-La prison BD59/**5*** Couleur ☺
	2-Le grand pays BD130/**5*** Couleur ☺
MALLET Pat	**Les petits hommes verts** BD44/**4*** Couleur ☆
MANARA Milo	**HP et Giuseppe Bergman** BD20/**5*** ☆
	Le déclic BD31/**4*** ☆
	Le parfum de l'invisible BD105/**4*** (Edition parfumée) ☆
	Jour de colère BD128/**6*** ☆
	Nouvelles coquines BD80/**4*** ☆
MANDRYKA Nikita	**Le Concombre masqué** BD110/**4*** Couleur ☻
	Le retour du Concombre masqué BD165/**4*** C. ☻
MARGERIN Frank	**Ricky VII** BD140/**4*** Couleur ☻

☺ : AVENTURES ET FICTIONS
☻ : HUMOUR
★ : JUNIOR
☆ : ADULTE
(* POUR LECTEURS AVERTIS)

CATALOGUE J'AI LU BD

MARTIN J.	Alix :
	1-Les légions perdues BD68/**6*** Couleur ★
	2-Le prince du Nil BD92/**5*** Couleur ★
	3-Les proies du volcan BD178/**5*** C. ★
MARTIN J.	Lefranc :
	1-Les portes de l'enfer BD82/**5*** Couleur ★
	2-L'oasis BD138/**5*** Couleur ★
	Jhen (1) Les écorcheurs BD106/**5*** Couleur ★
MOEBIUS & JODOROWSKI	**L'Incal - Ce qui est en bas** BD139/**5*** Couleur ☺
MOORE & BOLLAND	**Batman-1** BD176/**5*** Couleur ☺
MORCHOISNE, MULATIER & RICORD	**Ces Grandes Gueules...**
	...qui nous gouvernent BD16/**4*** Couleur ☻
	...de la télé BD170/**5*** C. ☻
MORDILLO	**Les meilleurs dessins d'Opus** BD10/**4*** Couleur ☻
PÉTILLON	Les aventures de Jack Palmer :
	- Mr Palmer et Dr Supermarketstein BD13/**5*** C. ☻
	- La dent creuse BD78/**5*** Couleur ☻
	- Une sacrée salade BD168/**5*** Couleur ☻
PICHARD & LOB	Blanche Epiphanie :
	- Blanche Epiphanie BD61/**4*** ☆
	- La déesse blanche BD137/**4*** ☆
PRATT Hugo (Corto Maltese)	**- La ballade de la mer salée** BD11/**6*** ☺
	- Sous le signe du Capricorne BD63/**6*** ☺
	- Corto toujours un peu plus loin BD127/**6*** ☺
	- Les Celtiques BD174/**6*** ☺
PRATT & OESTERHELD	**Ernie Pike - Premières Chroniques** BD85/**4*** ☺
PTILUC	**Destin farceur** BD147/**5*** C., Edition grignotée ☻
QUINO	**- Mafalda** BD2/**4*** Couleur ★
	- Encore Mafalda BD54/**4*** Couleur ★
	- Mafalda revient BD134/**4*** Couleur ★
	- La bande à Mafalda BD180/**4*** Couleur ★
	... Panorama BD90/**2*** ☻
RAYMOND Alex	**Flash Gordon - La reine des neiges** BD47/**5*** C. ☺
ROSINSKI & VAN HAMME	Thorgal :
	1-La magicienne trahie BD29/**5*** Couleur ★
	2-L'île des mers gelées BD74/**5*** Couleur ★
	3-Les 3 vieillards du pays d'Aran BD98/**5*** C. ★
	4-La galère noire BD123/**5*** Couleur ★
SCHETTER Michel	**Cargo 1-L'écume de Surabaya** BD57/**5*** C. ☺*
SEGRELLES (Le mercenaire)	**1-Le feu sacré** BD32/**4*** Couleur ☺
	2-La formule BD124/**4*** Couleur ☺
SERRE	**Les meilleurs dessins** BD6/**5*** Couleur ☻*
	Humour noir BD35/**5*** Couleur ☻*
	A tombeau ouvert BD86/**5*** Couleur ☻*
SERVAIS & DEWAMME	**Tendre Violette** BD42/**5*** ☺*
SOKAL (Canardo)	**1-Le chien debout** BD26/**5*** Couleur ☺
	2-La marque de Raspoutine BD89/**5*** Couleur ☺
STEVENS Dave	**Rocketeer** Edition intégrale BD91/**5*** Couleur ★
TABARY	**L'enfance d'Iznogoud** BD9/**5*** Couleur ★
TARDI	Les Aventures d'Adèle Blanc-Sec :
	- Adèle et la Bête BD18/**4*** Couleur ☺
	- Le démon de la tour Eiffel BD56/**4*** Couleur ☺
	- Le savant fou BD120/**4*** Couleur ☺
TARDI & MALET	**Brouillard au pont de Tolbiac** BD36/**4*** ☺
TARDI & FOREST	**Ici même** BD62/**6*** ☺
TILLIEUX M.	Gil Jourdan :
	- Libellule s'évade BD28/**4*** Couleur ★
	- Popaïne et vieux tableaux BD69/**4*** Couleur ★
	- La voiture immergée BD112/**4*** Couleur ★
	- Les cargos du crépuscule BD145/**4*** C. ★
	- L'enfer de Xique-Xique BD171/**5*** C. ★
VAN DEN BOOGAARD Théo	**Léon-la-Terreur** BD45/**5*** Couleur ☻*
	Léon-la-Terreur atteint des sommets BD118/**5*** C. ☻*
VEYRON Martin	**L'amour propre** BD7/**5*** Couleur ☻*
	Bernard Lermite BD50/**3*** ☻*
	L'éternel féminin dure BD153/**6*** C. ☻*

CATALOGUE J'AI LU BD

WALKER Mort	***Beetle Bailey*** *BD102/**3**** ☻
WALTHÉRY *(Natacha)*	***- Natacha, hôtesse de l'air*** *BD22/**4**** *Couleur* ★
	- Natacha et le Maharadjah *BD52/**4**** *Couleur* ★
	- La mémoire de métal *BD101/**4**** *Couleur* ★
	- Un trône pour Natacha *BD132/**4**** *Couleur* ★
	- Double vol *BD151/**4**** *Couleur* ★
	- Le treizième apôtre *BD182/**4**** *(Mai 90) Couleur* ★
WEYLAND *(Aria)*	***1-La fugue d'Aria*** *BD40/**5**** *Couleur* ★
	2-La montagne aux sorciers *BD84/**5**** *Couleur* ★
YOUNG Chic	***Blondie*** *BD87/**3**** ☻
ZUBELDIA Serge	***Le Concile d'Amour*** *BD146/**4**** ☆

☺ : AVENTURES ET FICTIONS
☻ : HUMOUR
★ : JUNIOR
☆ : ADULTE
(* POUR LECTEURS AVERTIS)

181

Imprimé par Brodard et Taupin à La Flèche
le 8 mars 1990. - 1616C-5
Dépôt légal avril 1990. ISBN 2-277-33181-0
Imprimé en Europe (France)

J'ai lu BD / Éditions J'ai lu
27, rue Cassette 75006 Paris

Diffusion France et étranger : Flammarion